Cómo migran los animales

por Susan Labella

Consultora de lectura:
Susan Nations, M.Ed.
autora/tutora de alfabetización/consultora

Consultora de ciencias y contenido curricular:
Debra Voege, M.A.
maestra de recursos curriculares de ciencias y matemáticas

WEEKLY READER®
PUBLISHING

Please visit our web site at: www.garethstevens.com
For a free color catalog describing our list of high-quality books,
call 1-800-542-2595 (USA) or 1-800-387-3178 (Canada).

Library of Congress Cataloging-in-Publication Data available upon request from publisher.

ISBN-13: 978-0-8368-8429-6 (lib. bdg.)
ISBN-10: 0-8368-8429-9 (lib. bdg.)
ISBN-13: 978-0-8368-8434-0 (softcover)
ISBN-10: 0-8368-8434-5 (softcover)

This edition first published in 2008 by
Weekly Reader® Books
An imprint of Gareth Stevens Publishing
1 Reader's Digest Road
Pleasantville, NY 10570-7000 USA

Spanish translation: Tatiana Acosta and Guillermo Gutiérrez

Photo credits: Cover: Photodisc/Business & Industry, Vol.1; p.4-21: Photodisc/Techno
Finance, cover: Altrendo Nature/Getty Images, pp.4-5: Chase Swift/Corbis, p.7: Markus Botzek/
zefa/Corbis, p.8: Aspix/Alamy, p.9: Leigh Haeger for Weekly Reader, p.10:Arthur Morris/Corbis,
p.11: Jupiter Images, p.12: Leigh Haeger for Weekly Reader, p.13: Hardl Sisenbacher/Alamy,
pp.14-15: Eastcott Momatiuk/Getty Images, p.17: Brand X/Jupiter Images, p.18: Alan Schein
Photography/Corbis, p.20: National Geographic/Getty Images, p.21: Leigh Haeger for
Weekly Reader

Printed in the United States of America

1 2 3 4 5 6 7 8 9 11 10 09 08 07

Contenido

¿Cómo se orientan los animales?. 3

Capítulo 1 El Sol y las estrellas 6

Capítulo 2 Olores. 9

Capítulo 3 Atracciones poderosas. 12

Capítulo 4 Animales migratorios y seres humanos. 14

A destacar: La morsa 20

Glosario 22

Más información 23

Índice 24

Cubierta y portada: A veces, las morsas se dejan llevar sobre el hielo flotante del Ártico en sus migraciones.

¿Cómo se orientan los animales?

En aguas profundas del océano, una ballena gris recorre en su migración grandes distancias hasta alcanzar el lugar perfecto para tener a sus crías. Una trucha viaja de un océano de agua salada a un río de agua dulce y encuentra el lugar exacto en donde salió del huevo años antes. Todos esos animales están migrando. Una **migración** es un viaje que se hace regularmente.

Muchos animales migran en busca de comida, de un clima más agradable, o para tener a sus crías.

¿Cómo se guían los animales migratorios? Los científicos siguen tratando de descubrir los secretos de cómo los animales, sin brújulas ni mapas, son capaces de **orientarse** y encontrar el punto exacto que están buscando. La mayoría de los científicos piensan que muchos animales usan más de un **método de orientación** para guiarse.

Los científicos creen que los gansos de Canadá jóvenes aprenden las rutas migratorias de los gansos mayores, que tienen más experiencia.

Capítulo 1

El Sol y las estrellas

Muchos animales tienen un sentido innato del tiempo, lo que los científicos llaman un **reloj interno**. Este "reloj" produce señales que ayudan al animal a saber cuándo es el momento de comer, dormir o iniciar un viaje. Si los días se acortan, eso puede ser una señal para algunos animales de que el tiempo frío se aproxima y el suministro de comida podría empezar a escasear. Sustancias químicas en el cuerpo de los animales podrían indicarles que es el momento de reproducirse. Esto también puede actuar como señal de que es el momento de mudarse a otra área.

Cuando están listas para migrar, muchas aves comprueban la posición del Sol en el cielo. Después, deciden su rumbo basándose en dónde se encuentra el norte o el sur según la posición del Sol.

Algunos científicos han observado que las aves parecen determinar el rumbo a seguir basándose en la posición de una banda de luz que aparece cerca del horizonte de la Tierra al anochecer y al amanecer.

Eos experimentos demuestran que, cuando llega el momento de migrar, algunas aves comprueban la posición del Sol en el cielo, y después se posan indicando con la cabeza la dirección que van a seguir en su viaje.

Las **constelaciones**, o dibujos que forman las estrellas en el cielo nocturno, pueden guiar a algunos animales que se desplazan por la noche. Es posible que los patos de collar usen la posición de la estrella polar como si tuvieran una brújula. Basándose en la posición de la estrella polar, los patos siguen la ubicación de otras estrellas en el cielo para guiarse en su viaje.

Es posible que las estrellas del norte guíen a los animales que migran de noche.

Capítulo 2

Olores

Los olores, o indicios olfativos, desempeñan un papel importante en las migraciones de algunos animales. Las truchas nadan desde el océano hasta llegar a sus ríos de origen siguiendo olores en el agua. Esos olores, producidos por sustancias químicas en el agua, hacen posible que estos peces encuentren el arroyo de donde salieron y depositen allí sus huevos.

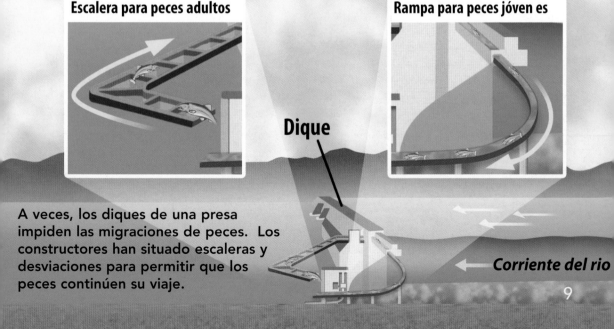

Escalera para peces adultos

Rampa para peces jóven es

Dique

A veces, los diques de una presa impiden las migraciones de peces. Los constructores han situado escaleras y desviaciones para permitir que los peces continúen su viaje.

Corriente del rio

Los ñúes son unos mamíferos africanos que viven en enormes manadas en las llanuras del Serengueti, en África Oriental. Estos animales tienen un gran sentido del olfato. Son capaces de detectar el olor de la lluvia a gran distancia, y lo siguen hasta encontrar zonas lluviosas. Tras las grandes lluvias, vuelven a crecer las hierbas de que se alimentan estos animales.

Las manadas de ñúes siguen el olor de la lluvia en sus migraciones.

Algunas gacelas africanas tienen en sus pezuñas unas glándulas odoríferas que liberan un olor. Al dejar en el suelo ese olor en sus migraciones, estos animales de largos cuernos dejan una pista que puede seguir cualquier miembro de la manada que se haya perdido.

¡Algunas gacelas africanas marcan su ruta con un olor que liberan sus pezuñas!

Capítulo 3

Atracciones poderosas

Piensa en la Tierra como si fuera un gigantesco imán. Como la mayoría de los imanes, está rodeada por unas líneas invisibles de fuerza. Esa envoltura de líneas magnéticas invisibles se extiende entre el Polo Norte y el Polo Sur, y forma el **campo magnético** de la Tierra.

NORTE

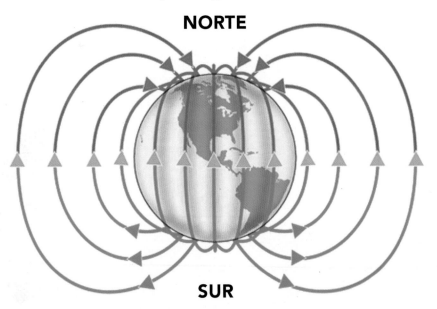

El campo magnético de la Tierra se extiende de norte a sur en una red de líneas invisibles.

SUR

Los científicos piensan que, para orientarse, muchos animales siguen las líneas magnéticas que forman el campo magnético terrestre. Algunos animales tienen en su cuerpo un mineral llamado **magnetita**. Los investigadores creen que animales como el atún de aleta amarilla, aves, delfines y muchos insectos también tienen células que contienen magnetita y que los ayudan a orientarse. La magnetita es atraída por el norte o el sur magnéticos de la Tierra, de la misma manera que la aguja de una brújula siempre indica el norte. El mineral ayuda a estos animales a encontrar el norte o el sur.

Es posible que los diminutos cristales de magnetita que algunas especies de ballenas tienen en el cuerpo ayuden a estos animales a seguir el campo magnético terrestre.

Capítulo 4

Animales migratorios y seres humanos

Los animales migratorios se enfrentan a muchos **riesgos** o peligros. Algunos son naturales. Otros son riesgos causados por los seres humanos. Edificios, puentes y carreteras perturban las rutas que siguen algunos animales migratorios y los hábitats a los que se dirigen. Diques construidos en ríos y lagos bloquean las rutas migratorias de los peces.

Los berrendos recorren 30 millas (48 km) al día durante tres o cuatro días en su migración de otoño. Si no ven su ruta de migración habitual, no tratan de encontrar una nueva.

En el Oeste de Estados Unidos, los berrendos migran desde los territorios de invierno a los de verano. Estos animales, parecidos a los antílopes, han seguido las mismas rutas durante miles de años. En el mundo actual, muchas de esas rutas han sido bloqueadas o destruidas por el desarrollo humano. Cuando un berrendo no puede encontrar su ruta migratoria, se detiene y permanece donde está. Los expertos creen que si el desarrollo interrumpe todas las rutas migratorias, se perturbará el **ciclo de vida** de los berrendos y, con el tiempo, la especie podría desaparecer.

SLOW
SALAMANDER XING

Cada año mueren muchas salamandras aplastadas por los autos al cruzar las carreteras en sus migraciones. En Massachusetts, la gente ha puesto señales y construido túneles para que los animales puedan cruzar y depositar sus huevos.

Todos los inviernos, cuando la temperatura del agua desciende, los manatíes de Florida migran en busca de aguas más cálidas. Debido a que tienen que salir a la superficie a respirar, estos lentos animales corren peligro de chocar con lanchas motoras o quedar atrapados en las redes de pesca. En Florida, la gente que desea ayudar a los manatíes ha puesto señales para indicar a los lancheros que deben ir despacio en áreas frecuentadas por manatíes. Se han aprobado leyes de protección de estos animales, y la gente ha organizado **refugios**, o lugares seguros, donde los manatíes pueden vivir y tener a sus crías sin peligro.

En muchas partes del mundo hay gente que se esfuerza por la seguridad de los animales migratorios.

En África, cebras, jirafas, leones y rinocerontes negros viven en estado salvaje a pocas millas de una gran ciudad, Nairobi, en Kenia. Con el crecimiento de la ciudad, la gente ha usado o cercado tierras que los animales salvajes atravesaban en sus migraciones. Un programa especial está tratando de resolver este problema. El programa paga a los propietarios de tierras que acceden a no construir en esas tierras ni a cercarlas para que no impidan el desplazamiento de los animales. Los expertos dicen que el programa ha funcionado bien y permite que los animales utilicen sus rutas migratorias habituales.

Animales como el león migran libremente hacia el sur desde el Parque Nacional de Nairobi.

17

Las rutas migratorias de muchas aves sobrevuelan el Empire State, en la ciudad de Nueva York. Este alto edificio, conocido por sus vistosas luces durante las fiestas y en otros momentos especiales del año, puede ser un problema para las aves migratorias. En otoño y en primavera, durante sus viajes, muchas aves, atraídas por las

Unos observadores especiales permanecen en las terrazas del edificio Empire State y vigilan la llegada de bandadas de aves. Si ven que una se aproxima, avisan a los operarios de las luces del edificio para que puedan apagarlas rápidamente.

luces, chocan contra el edificio y mueren. Para evitar este riesgo, las luces del edificio se apagan hasta que las aves han pasado.

Algunos focos muy potentes se utilizan para medir las nubes sobre los aeropuertos. Con frecuencia, las aves que migran hacia el sur son deslumbradas por las brillantes luces. Las aves se desorientan y chocan contra el suelo o los edificios. Miles de aves han muerto de este modo. El Centro de Climatología de Estados Unidos ha puesto filtros en las luces de algunos aeropuertos en Tennessee. Los expertos esperan que estos filtros impidan el deslumbramiento y contribuyan a la seguridad de las aves.

Este foco se usa para medir la altura de las nubes sobre un aeropuerto, pero puede deslumbrar y confundir a las aves que vuelan cerca.

A destacar: La morsa

Las morsas viven en el Ártico, donde hay **bancos de hielo**, o grandes masas de hielo flotante. Estos animales migran en otoño y primavera en busca de las almejas, los caracoles marinos y los cangrejos que les gusta comer.

En el viaje hacia el norte, en primavera, las hembras paren a sus crías y las cuidan sobre los bancos de hielo

Las morsas del Pacífico pasan el invierno en el mar de Bering. En primavera, los machos se dirigen hacia el sur del mar de Bering. Allí esperan a que el hielo se derrita y dejan el agua para pasar el verano en las islas. Las hembras y sus crías se dirigen hacia el norte, para pasar el verano en el mar de Chukchi. ¡Cuando van hacia el norte, pueden subirse a un banco de hielo y dejarse llevar!

Este mapa muestra dónde vive la mayoría de las morsas.

CLAVE
Morsa del Pacífico
Morsa del Atlántico

ASIA
Círculo polar ártico
EUROPA
OCÉANO ÁRTICO
Polo + Norte
GROENLANDIA
OCÉANO PACÍFICO NORTE
AMÉRICA DEL NORTE
OCÉANO ATLÁNTICO NORTE

21

Glosario

banco de hielo — masa de hielo en movimiento

campo magnético — área de fuerza magnética causada por polos magnéticos (como el Polo Norte y el Polo Sur terrestres)

ciclo de vida — fases por las que pasa un ser vivo, desde el nacimiento hasta la muerte

constelaciones — dibujos que forman las estrellas en el cielo

magnetita — mineral de hierro que se encuentra en las células de algunos animales. Al alinearse con los polos magnéticos terrestres, puede permitir la orientación de esos animales.

métodos de orientación — sistemas que permiten orientarse

olfativo — relacionado con el sentido del olfato

orientarse — encontrar el camino hacia un lugar

reloj interno — señal en el cerebro que le indica a un animal cuándo comer, dormir, migrar, etc.

riesgo — peligro

Más información

Libros

Animals That Migrate. Animals (series).
   Carmen Bredeson (Franklin Watts)

Animals Migrating: How, When, Where, and Why Animals Migrate.
   Animal Behavior Etta Kaner (Kids Can Press Ltd.)

On the Wing: American Birds in Migration.
   Carol Lerner (Harper Collins)

How Do Birds Find Their Way? Let's-Read-and-Find-Out Science
   Roma Gans (Harper Trophy)

Índice

ballena 4, 9

ballena gris 4

bancos de hielo 20

berrendos 15

campo magnético 12

ciclo de vida 15

constelaciones 6

Empire State, edificio 18

escaleras para peces 9

estrellas 6

gacelas 11

glándulas odoríferas 11

horizonte 6

jirafas 17

leones 7

magnetita 13

manatí 16

métodos de orientación 5

migración 4, 7, 15, 17, 18

morsa 20, 21

ñu 10

orientarse 5

pato de collar 8

reloj interno 8

rinoceronte negro 17

salamandra 16

Sol 6

trucha 4, 9

Información sobre la autora

Susan Labella ha sido maestra y correctora de libros infantiles. Recuerda cuando veía a los gansos salvajes volar hacia el sur en invierno y se preguntaba cómo sabían a dónde ir. Hoy, a Susan le encanta escribir libros para niños.